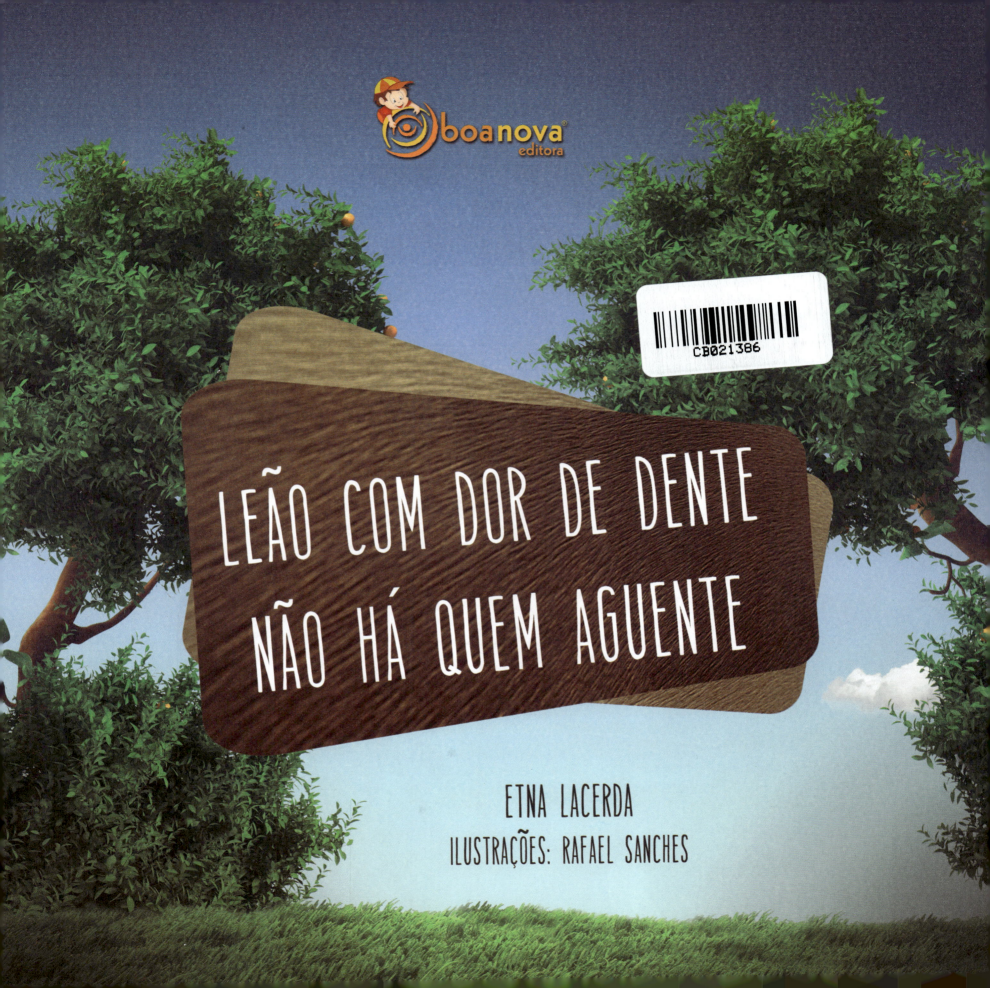

Um belo dia, a floresta encantada amanheceu em total alvoroço. O macaquinho locutor pulava de galho em galho anunciando:
— Atenção! Atenção! Notícia quente: o rei leão acordou com dor de dente.
Imediatamente, todos os animais começaram a espalhar a notícia pelos quatro cantos da floresta. Cada um deles fazia os mais variados comentários:
— Leão com dor de dente? E eu com isso? Problema dele — disse a hiena soltando sua inconfundível risada.

O papagaio repetia para periquitos e araras:
— Não é nosso parente! Que se arrebente de dor de dente.
— As araras aplaudiam, batendo suas enormes asas.
O tamanduá resmungava com sua boca desdentada:
— Dor de dente? Ele que se cuide. Eu não sei o que é isso, não tenho dentes.
A mamãe leopardo ficou feliz com a notícia:
— Bem feito. Assim não vai perseguir meus filhotes por um bom tempo.

O macaquinho continuava no seu trabalho de comunicador:
— Amigos, vamos ajudar o nosso rei leão. Ele está sofrendo muito. Se um de nós estivesse em tal situação, gostaríamos de ser ajudados. Quem souber de algo para amenizar tamanha dor, favor entrar em contato com o *Jornal Coco-Verde*.

— Eu não sou dentista para resolver problemas dentários de ninguém. Sempre comi folhas e nunca tive dor de dente — disse a girafa saindo de mansinho.
O dia foi passando sem aparecer nenhuma solução. A dor de dente do leão foi aumentando cada vez mais.

O macaquinho locutor explicou o motivo:
— Atenção, amigos! A noite na floresta foi realmente desesperadora. Ninguém conseguiu dormir com os urros do rei leão. O pobre rei continua com uma terrível dor de dente. Ninguém deu atenção à notícia do dia, mas as reclamações continuavam:
— Não dormi nada durante toda a noite. Isso me causou uma enorme dor de cabeça — repetia a mãe leopardo.

O papagaio, a arara e alguns periquitos cochilavam nos galhos das árvores. A garça cambaleava pela lagoa. A hiena mal abria os olhos de tanto sono. O rinoceronte bocejava sem parar. A girafa, encostada em uma grande árvore, reclamava da noite maldormida.

O macaquinho, que mal podia falar de tanto sono, usou um megafone para chamar atenção:
— Ouçam todos: nós precisamos ajudar o amigo leão. Ele amanheceu urrando de dor. Se continuar assim, não descansaremos nem de dia nem de noite. A dor fica menor quando todos se ajudam. Vamos ser solidários com o amigo leão.
A noite seguinte foi ainda pior. Os urros do leão foram insuportáveis.

Os animais passeavam sonolentos e mal-humorados. O macaquinho convocou uma reunião a fim de encontrar uma solução.
— Meus amigos, necessitamos sentir vontade de ajudar o rei leão, e não somente para o nosso sossego. Se vocês estivessem sofrendo, gostariam de ser ajudados, não é mesmo? Quem de nós nunca sentiu dor?

Os animais ficaram calados lembrando quando tinham passado por momentos de muita dor. A hiena recordou quando havia ficado com a pata ferida. A girafa tinha sentido muita dor no pescoço, quando o galho de uma árvore a atingiu. A mãe leopardo não esqueceu a dor que sentiu quando ficou presa em uma armadilha. O rinoceronte lembrou a dor horrível de quando tinha caído em um buraco, depois de fugir de caçadores. Todos tinham uma história para contar. Assim, os animais reconheceram que, nos momentos de dor, todos precisam de ajuda.

As ideias para auxiliar o rei leão foram surgindo. O papagaio sugeriu um chá de semente de dente-de-leão, que é ótimo para dor de dente de leão. A girafa disse que era muito bom mastigar cinco dentes de alho. A dor desapareceria em poucas horas. Mamãe leopardo, que era muito observadora, perguntou:
— Excelentes ideias, mas quem vai levar o chá de dente-de-leão e os cinco dentes de alho até a toca do leão? Ele é muito feroz e, com dor de dente, deve estar ainda mais violento.
Os animais ficaram mudos. Ninguém queria correr o risco de ser devorado pelo leão.

A lebre se ofereceu para ajudar:
— O chá de dente-de-leão fica difícil entregar, pois tenho que entrar na toca do leão. Porém, os cinco dentes de alho eu posso jogar para o rei e sair rapidamente. Sou boa na corrida. Vocês não concordam?
Todos concordaram e acharam uma boa ideia. Assim foi feito: a lebre jogou com rapidez os dentes de alho na toca do leão. Depois, gritou para que ele os mastigasse, a fim de que a dor de dente passasse. O leão mastigou os cinco dentes de alho de uma só vez.
Então, aconteceu algo que ninguém esperava. Ao mastigar os dentes de alho, o rei leão ficou com a língua, as gengivas e as bochechas ardendo. A dor era tanta, que os urros fizeram estremecer até as árvores. Assim foi durante todo o dia e toda a noite. Um barulho enlouquecedor.

Outra noite que ninguém conseguiu dormir. Antes de o sol nascer, os animais já estavam reunidos para pensar em outra solução. O que fazer agora?
A onça lembrou-se do doutor Maribombondo, conhecido maribondo que ajudava a todos como médico e dentista da floresta. Ele poderia entrar na toca do leão sem perigo algum. Os leões não comem maribondos.
O médico aceitou cuidar do rei leão, mas precisava de alguns ajudantes.
O pequeno mosquito quis colaborar:
— Eu posso ajudar. Dou uma picadinha e anestesio o local. O leão está sentindo tanta dor que nem vai perceber a picadinha.
A abelha também se ofereceu para ajudar o doutor Maribombondo.

À tardinha, o doutor foi à toca do leão. Ele verificou os dentes do rei e explicou-lhe:
— O senhor deveria cuidar melhor dos seus dentes. Procure limpá-los antes daquelas grandes refeições que o senhor tanto aprecia. Cuide também de higienizá-los antes de dormir. Passe sempre sua língua em uma pedra para retirar as impurezas. Use ainda um fio de cipó bem fininho para completar a limpeza entre os dentes. De dois em dois meses vá ao meu consultório, para verificar melhor seus afiados dentes. Se obedecer às minhas orientações, o senhor não vai sentir mais dores de dente.

O rei leão ouviu atentamente o doutor Maribombondo. Depois disso, ele abriu sua bocarra. A boca do rei leão era tão grande que precisava ser chamada de bocarra. O mosquitinho entrou na boca e usou um líquido que anestesiou o local. O doutor fez uma limpeza com seu poderoso ferrão e colocou o remédio no buraquinho do dente. A abelha tampou o buraquinho com um pouco de sua cera. Pronto: o rei leão sentiu-se aliviado. Ele agradeceu a ajuda e até sorriu, coisa que nunca havia feito.
Aquela noite foi bem tranquila para o rei leão. Os animais da floresta também dormiram bem.

No outro dia, os animais acordaram alegres e bem-humorados. Somente a mamãe leopardo estava muito preocupada.
— Amigos, estamos com outro grande problema. O rei leão passou vários dias sem se alimentar. Ele vai sair da toca com uma fome terrível. E vai comer o primeiro que encontrar no seu caminho.
Nesse instante, o rei leão apareceu no alto de um pequeno monte. A correria foi geral; todos os animais procuraram lugares seguros.
O leão veio caminhando e parou bem embaixo da árvore onde estava o macaquinho locutor. O pequenino começou a tremer de medo.

— Não precisa ter medo, macaquinho. Avise no seu megafone que estou feliz com todos os que colaboraram para minha cura. Sou grato a cada um de vocês. Não vou caçar nenhum animal; decidi mudar meus hábitos alimentares. Agora, prefiro comer frutos e folhas; vou ser um leão vegetariano.
A hiena, que tudo ouvia, saiu da toca e comentou:
— Leão vegetariano? Com essa notícia nem eu aguento, vou dar uma das minhas melhores gargalhadas.
A hiena começou a rir, e o rei leão sorriu também. Sorrir era uma coisa que ele tinha aprendido a fazer e que agora achava muito agradável.
A partir daquele dia, os animais passaram a ajudar uns aos outros, e a paz e a união se fizeram presentes entre todos os que viviam na floresta encantada.

Instituto Beneficente Boa Nova
Entidade coligada à Sociedade Espírita Boa Nova
Av. Porto Ferreira, 1.031 | Parque Iracema
Catanduva/SP | CEP 15809-020
www.boanova.net | boanova@boanova.net
Fone: 17 3531.4444 | Fax: 17 3531.4443